AF563806

NOTICE BIOGRAPHIQUE

SUR M. CLAUDE REDON.

NOTICE BIOGRAPHIQUE

SUR

M. CLAUDE REDON,

DÉPUTÉ AUX ÉTATS-GÉNÉRAUX, MEMBRE DE L'ASSEMBLÉE CONSTITUANTE, ET PREMIER PRÉSIDENT DE LA COUR ROYALE DE RIOM,

PAR

M. ÉMILE REDON,

AVOCAT.

MOULINS,

IMPRIMERIE DE P.-A. DESROSIERS,

—

1842.

NOTICE BIOGRAPHIQUE

SUR CLAUDE REDON.

LAUDE DE REDON, premier échevin de la ville de Riom, député aux États-Généraux et à la Constituante, premier président à la Cour royale de

Riom, baron d'Empire, chevalier de la légion d'Honneur et de Saint-Jean de Jérusalem, membre de la correspondance pour l'examen du style des écrivains français, etc., naquit accidentellement à Ennezat en 1739. Il descendait, du côté paternel et du côté maternel, d'une famille honorable et anciennement établie dans la ville de Riom. Une infirmité, moins douloureuse que difforme et pénible, vint l'affliger dès le berceau et contribua puissamment à développer cette imagination brillante, ces pensées nobles et majestueuses que Dieu lui avait départies. Il fit ses premières études sous Jacques Redon, chanoine et prêtre oratorien, ecclésiastique distingué par son savoir et ses vastes connaissances [1]. L'habile professeur avait deviné tout ce que renfermait de beau et de sublime l'ame de son jeune élève. Aussi s'appliqua-t-il à cultiver l'intelligence et l'aptitude de cet enfant, dont le génie précoce promettait un avenir magnifique. Ses soins ne furent pas inutiles, ses efforts furent récompensés au delà de ses espérances. Quelle fut grande et complète la joie de cet excellent prêtre, en voyant croître et fleurir cet esprit exubérant de sève qu'a-

[1] Il est l'auteur d'une histoire assez volumineuse et de quelques poésies, dont les manuscrits sont entre les mains de M. Émile Redon, avocat, son arrière petit-neveu.

vaient fécondé un travail soutenu, une application profonde, un zèle énergique, une facilité surprenante et une mémoire prodigieuse ! Le disciple avait compris que le génie abandonné à lui-même, à sa nature sauvage et inculte, ne peut atteindre le faîte de la gloire et de la renommée qu'avec les ailes du travail et de l'aptitude. Ses succès furent immenses : si la couronne scolastique est la première auréole de la vie et de l'adolescence, son front fut souvent illuminé de ses premiers rayons si doux à notre jeune âge, et qui, semblables aux feux du soleil, brillent d'un plus vif éclat en atteignant l'apogée des cieux. Une vocation naturelle, une inclination pour ainsi dire innée l'entraînait vers l'étude du droit. A l'école de quelques membres de sa famille attachés au barreau, il s'était déjà inféodé à la science du légiste, à ce travail aride et épineux, barrière d'airain qu'une volonté forte peut seule surmonter.

A l'âge de dix-sept ans, son père l'envoya à Paris, ce centre des lumières, ce point de réunion où converge le génie de la France, foyer immense où le talent se groupe et se réunit en faisceau. Les principes de religion et de vertu qu'il porta à un si haut degré, et que sa famille lui avait inculqués dès l'enfance, le préservèrent du fléau des vices et de la corruption Le voile sacré de l'honneur et de la sagesse lui dérobait le sombre tableau de l'immoralité, de la débauche, de la turpitude qu'a enfanté la *Babylone* moderne. Il traversa cette période orageuse et si fatale à la jeunesse, avec l'expérience et le calme d'un philosophe et d'un vieillard. Il sut résiter à cette tentation, à ce mirage des plaisirs qui nous éblouit d'abord, et ne nous laisse que le spectacle d'une steppe sablonneuse et incandescente. Une maladie terrible mit à cette époque ses jours en danger. Les secours de l'art, l'énergie vitale, l'espérance en Dieu et la résignation l'arrachèrent aux doigts glacés la mort. «Quel courage,» s'écriait son grand-oncle Villevaud, grand-père du ministre Malouet [1], « a montré ce pauvre enfant pendant le cours de sa maladie! Quelle indifférence pour tout ce qui se rattache aux vanités de ce monde! quelle soif de ces bénédictions, de ces consolations saintes que le prêtre apporte au chevet du mourant!» Mais Dieu ne permit pas qu'une ame si belle et si pure abandonnât sitôt son enveloppe terrestre; il voulait la donner en exemple à ses conci-

[1] M. Malouet, ancien constituant, et depuis ministre de la marine, était le petit-fils de Françoise Redon.

toyens, il voulait la leur montrer comme un modèle de dignité et de modestie.

A peine sorti de l'école de jurisprudence, à l'âge où tant d'autres ont à peine ébauché les premières notions du droit, il est reçu avocat en Parlement. Le cœur dilaté par l'espérance et le bonheur, il vole vers sa patrie; il frappe aux portes de cette sénéchaussée de Riom, si grande, si célèbre par les graves et studieux magistrats qui siégeaient dans son sanctuaire, par le luxe et l'éclat dont l'environnait chaque jour le savant auteur des *Coutumes d'Auvergne*. C'est dans ce temple sacré de la Justice qu'il débute avec la gravité, la sagesse, l'éloquence, la maturité d'un vieil orateur.

Heureux barreau de l'antique sénéchaussée de Riom, que vous étiez fort et puissant! que d'aigles planaient alors dans votre enceinte! que d'érudition! que de jeunes talents! Dans cette arène de la science et de l'imagination, les génies rivaux semblaient se disputer la palme. O noms puissants des Touttée, des Andraud, des Grenier, des Redon, votre mémoire vit encore dans le cœur de vos compatriotes! Vous avez transmis à votre postérité un héritage si glorieux qu'il est devenu un poids pour vos successeurs.

Aujourd'hui que le génie foule sous ses pieds de flamme la science et le labeur, effleure de son aile les questions ardues et profondes, rase la surface et ne fouille pas les entrailles; aujourd'hui que le siècle léger et frivole se laisse emporter par la rafale et le tourbillon des passions turbulentes, l'homme, jouet incessant des révolutions, frappé par les foudres du peuple et la vengeance des rois, ne peut point se livrer comme vous, nobles et brillants orateurs, à ce travail immense qui embrasse toute l'histoire d'une législation voluminense. Édits, capitulaires, droit romain et coutumier, ordonnances royales, réglements de police, lois ecclésiastiques et municipales, votre mémoire gigantesque avait tout embrassé. Dans ce dédale, dans ce labyrinthe de lois infinies, vous apportiez le flambeau du travail et de la réflexion. Votre expérience, armée des lumières de l'esprit et de la science, plongeait dans l'obscurité, dissipait ses nuages et faisait jaillir la vérité du chaos.

Parmi ces jurisconsultes si grands, si fameux, Claude Redon tenait un rang distingué. Il avait su attirer sur lui les regards du public et les applaudissements de son ordre. Son éloquence suave et persuasive entraînait tous les cœurs; ses plaidoyers, enfants de son ame et de sa raison, éclairaient les esprits, remuaient les fibres les plus insensibles, pénétraient les mémoires les plus infidèles; sa voix était l'organe de la justice et de la vérité : elle planait dans l'aréopage comme l'aile sacrée d'un ange, elle montait comme l'encens jusqu'au tribunal des magistrats. Son élocution animée, son style fleuri et abondant en images, son raisonnement pressant et logique étonnaient et enlevaient son auditoire. Il était pour tous un objet d'enthousiasme, un sujet d'admiration. Que de causes n'a-t-il pas défendues ! que de veuves et d'orphelins lui ont dû leur position et leur fortune ! Ah ! l'intérêt sordide, l'appât des richesses, l'amour de l'or et des honneurs n'avaient pas imprimé leurs taches corrosives dans son cœur humain et généreux. Sa belle ame s'ouvrait aux sentiments de la pitié ; elle baignait de ses larmes le malheur et l'infortune, et retrempée dans cette onde sainte, elle anathématisait la fraude et la spoliation, l'intrigue et la bassesse, l'astuce et le mensonge. Il était constamment guidé par un esprit d'équité et de droiture; il avait compris l'étendue de ses obligations; il savait que l'honneur, la probité, le désintéressement étaient les guides de la noble carrière qu'il avait embrassée. Il voulait l'estime des hommes, et c'est pour elle qu'il avait foulé sous ses pieds la vénalité et l'ambition. Aussi, un concours unanime d'éloges, une confiance vaste et illimitée avaient répondu à ce début magnifique, à ces qualités si vastes et si étendues, à cette défiance de soi-même, à cette noblesse de sentiments, à ces principes si austères, à ces vertus si augustes et si accomplies. Le faible et le pauvre trouvaient en lui un zélé défenseur, un appui sincère et bienveillant; il suffisait que l'opprimé vînt implorer sa protection, et s'abriter sous le manteau de ses vertus; sa parole énergique et vibrante démasquait alors l'imposture; et quelle que fût la puissance du rival de son client, il savait lutter contre elle, la confondre et l'anéantir, parce qu'il était armé des foudres de la justice et de la vérité.

Peuple, noblesse et clergé se réunissaient autour de sa bannière. Son indépendance, sa piété, son respect pour l'ordre et les anciennes institutions lui avaient conquis un amour général et des éloges unanimes. Son esprit conciliant, ami de la concorde et de la paix, s'efforçait de renouer ce qui avait été brisé, d'unir ce que la haine, la vengeance, la méchanceté et l'ignorance avaient déchiré et rompu. Sa balance ne fut jamais entraînée par le poids de la corruption et de la servilité; il s'était élancé avec une volonté puissante dans le sentier étroit de la vertu, et il ne voulut pas dévier et s'écarter d'une ligne aussi respectable. Il se rappelait sans cesse les sages préceptes de l'immortel d'Aguesseau : « Dans les occasions dangereuses où la fortune veut éprouver ses forces contre votre vertu, montrez lui que vous êtes non seulement affranchis de son pouvoir, mais supérieurs à sa domination. » Il n'ignorait pas que son ministère exigait le sacrifice de ses veilles et de son repos ; mais il était entré dans ce divin sacerdoce avec le sceau du génie, de la sagesse, de la prudence et de la raison ; et sous l'égide de ces puissants protecteurs, il sut vaincre et surmonter tous les obstacles. Il apprit aux hommes que le talent et la jeunesse appuyés sur le bras de la religion et des intimes croyances résistent à l'entraînement et aux séductions du pouvoir, et savent dédaigner le temple de la fortune et des grandeurs ; il s'était concilié l'affection et l'estime de ses collègues, et avait désarmé l'envie qui s'attache ordinairement aux grands hommes, aux écrivains célèbres, aux sublimes orateurs. Son aménité, sa douceur, la haute portée de sa prudence les avaient tellement éblouis et enchantés, qu'ils n'hésitèrent pas à lui confier une mission aussi délicate qu'importante, et qui concernait l'honneur et l'indépendance du barreau attaqué dans un de ses membres par la magistrature de la sénéchaussée de Riom, qui avait prononcé un décret d'ajournement personnel contre M. *Assolent*, un des avocats du présidial.

Le rôle qu'il avait à remplir, offrait des difficultés presqu'insurmontables, et qui auraient dès l'origine rebuté un mandataire moins convaincu que lui de l'indépendance de sa profession. Il fallait user des moyens les plus influents, des procédés les plus délicats, de la fermeté la plus solide, pour faire triompher des principes honorables, et conserver en même temps les précautions les plus sages, les considérations les plus élevées, la vénération la plus profonde envers un corps aussi respectable que celui de la magistrature inamovible. Plus cette affaire présentait de difficultés, plus il s'étudia à les combattre et à les détruire ; et il réussit au delà de ses espérances. Sa probité, sa droiture, son honnêteté, sa candeur, sa parole facile et insinuante furent les seuls protecteurs dont il s'entoura ; et dans cette affaire si épineuse, si fragile, il sut concilier la liberté qui est l'apanage de la noble profession d'avocat, sans déchirer le saint bandeau de la magistrature.

Plus tard, sa capacité, l'infailliblité de ses conseils,

sa gravité, l'étendue de son éloquence qui semblait une mine inépuisable, ses connaissances administratives fixèrent sur lui les regards de l'intendant de la province, qu'il devait, un jour, faire rappeler de l'exil et rendre à son foyer natal. Louis XVI, sur la sollicitation et le rapport de M. de Chazerat, l'appela aux fonctions de premier échevin de la ville de Riom. Là il sut aussi mériter l'affection, les éloges et les suffrages de ses concitoyens. Il veilla avec un soin admirable aux intérêts de sa ville bien aimée; il étendit sur toutes les branches de ses nouvelles fonctions une surveillance active, ardente et digne d'un habile administrateur. On peut dire que Riom lui dut alors une prospérité et une situation jusqu'alors inconnues. Lors de la réunion des états de la province, il fut député par ses concitoyens; et dans cette honorable assemblée, il déploya cette vigueur, cette fermeté de style qui le distinguaient particulièrement. Mais, que pouvaient-ils alors, ces hommes pleins de zèle et animés du dévoûment le plus pur? La France était sur un abîme; les finances, le trésor étaient dans un état déplorable: le crédit était épuisé; de sourdes rumeurs commençaient à gronder, comme les lointains éclats du tonnerre. Un voile sombre était descendu sur la France, et ce rideau de deuil et de mort dérobait à la vue des ames imprévoyantes un tableau horrible et tracé par les mains du désespoir et du bourreau. Le déficit avait ouvert son large gouffre; les ressoures les plus vastes n'auraient pu le combler. Les recettes n'étaient plus en rapport avec les dépenses et les prodigalités de la cour. Les bonnes intentions du malheureux Louis XVI étaient paralysées par une main fatale, par un génie inconnu qui semblait secouer avec ses aîles le vertige, l'incrédulité, le blasphême, l'irréligion, l'aveuglement et le débordement des classes supérieures. C'était un bruit sourd et confus, pareil à celui qui précède la grêle et les tempêtes... La grande voix de Dieu faisait silence pour éclater, plus tard, avec des accents terribles et solennels, sur la tête des nobles et des rois. Le haut clergé, oubliant les règles de la saine morale, les préceptes écrits dans le code du Christ, se livrait à l'impiété et au torrent de la débauche et de la sensualité. Les folles et pieuses libéralités de nos ancêtres, l'aveuglement et la prodigalité des rois avaient mis entre les mains des prêtres, ces fauteurs de simonie, une portion de la fortune territoriale. Les moines avaient abusé de la faiblesse de certains hommes et de l'ascendant dont ils jouissaient, pour confisquer à leur profit des biens immenses qui ne pouvaient plus rentrer dans le domaine de la circulation ; à lui seul le clergé possédait des biens valant plus de deux cents millions de revenu, sans compter les dîmes. La désorganisation était partout, le despotisme de la noblesse appuyant son genou de plomb sur la face du peuple, lui faisait exprimer le produit de ses sueurs et de son travail. Oh ! temps affreux, temps d'infamie, temps barbare ! quelle patience avait-il fallu au tiers pour vous supporter et humilier sa grande ame devant l'arrogance et l'orgueil de l'aristocratie. Mais le jour tardif de la réaction et des vengeances était venu ; si l'aiguille du temps avait marché avec lenteur, elle était alors arrivée au point fatal ; l'esclave allait rompre ses liens. La lumière d'en haut avait rayonné sur le front de la bourgeoisie ; dans le silence et dans les veilles, elle avait acquis des trésors de science et d'étude ; elle avait appris à connaître ses droits ; et l'enthousiasme d'une liberté naissante germait sourdement dans son cœur. Il fallait que l'ancien ordre de choses pérît ; il fallait que le trône, la couronne féodale et la mître du clergé fussent balayés par le vent des révolutions. Il fallait remplacer la société usée et vieillie par une société vierge, jeune et robuste; et ces éléments de rénovation et de fécondité ne pouvaient se trouver que dans une classe éminemment laborieuse, pénétrée de ses devoirs et de ses obligations, exaltée par l'amour patriotique, armée de la loi qui devait niveler l'humanité et convoquer tous les rangs au grand banquet de la nation. Un seul moyen restait pour empêcher de retarder la chûte de l'antique monarchie: la convocation des états-généraux était devenue urgente et indispensable. Depuis 1614, ces grands corps n'avaient plus été réunis pour voter les subsides et déterminer l'état des finances. Depuis cette époque, la seule volonté des rois, l'arbitraire du despotisme avait servi de base et de réglement. De là, la ruine de tout ce qui avait existé. Chaque fois que la logique, la raison et la justice abandonnent le cœur des rois et des hommes qui dirigent une société, sa désorganisation est imminente, le péril est proclamé. Louis XVI avait compris la position périlleuse que lui avaient faite ses prédécesseurs. Du sommet du trône, il plongeait sur l'abîme ouvert sous ses pieds. Alors, il sentit son impuissance et sa faiblesse pour remédier à tant de maux, et arrêter le char de l'état qu'une main invisible entraînait chaque jour dans les précipices de l'anarchie. Il ne pouvait rien par lui-même ; il lui fallait le concours de l'élite de la nation pour reconstruire l'édifice sur de nouvelles bases. Alors, il appela à la grande œuvre de la régénération et de la réforme les mandataires du tiers, de la noblesse et du clergé. Le 27 avril 1789, eut lieu la convocation des états-généraux. L'ordre des convocations, et la forme des assemblées fut, sauf quelques modifications, conforme aux anciens usages et aux réglements prescrits en 1614, sous Louis XIII. Les trois ordres du royaume se réunirent sous la présidence des sénéchaux, ou des baillis, pour nommer leurs députés respectifs.

La sénéchaussée de Riom envoya vingt députés, dont dix appartenaient au tiers-état. M. Malouet, intendant de la marine et cousin de M. Redon, fut nommé par acclamation ; et, le 20 mars 1789, Claude Redon fut élu député à une majorité de 293 voix sur 385. Munis des instructions et des cahiers que lui avaient remis ses commettants, chargé d'exprimer les doléances du peuple, de tracer le tableau des misères du cultivateur et de la classe ouvrière, M. Redon vola vers le poste où l'avaient appelé ses concitoyens. Son cœur était plein d'espérance, sa prévision voyait naître les prémices de la liberté. Il partit avec l'intention de faire rendre justice au peuple opprimé, avec la persuasion que le vieil édifice devait être remplacé par un état de choses plus conforme aux progrès des lumières, à l'avancement de l'humanité, à l'amélioration des classes... Les priviléges devaient être anéantis; l'homme et la nature avaient reconquis leurs droits : la féodalité et l'église devaient fuir devant le soleil naissant de la liberté.

Louis XVI ouvrit les états-généraux le 5 mai 1789. Son discours mélancolique, empreint de la tristesse de ses pensées, de la grandeur et de la gravité des événements, de la solennité du péril qui menaçait le trône et la France, retentit dans la vaste assemblée, comme le prélude de sentiments généreux, comme l'écho d'une ame entièrement dévouée au peuple et à la patrie. Le roi demandait le concours et l'appui des trois ordres; il exprimait, dans un langage simple et noble, le désir de soulager l'infortune de ses sujets, l'intention de rétablir un crédit plus qu'ébranlé. Il sollicitait la réunion et la communauté des avis et des opinions des mandataires de la nation pour assurer le bonheur au dedans et la considération au dehors. Louis XVI déposait alors une partie de son autorité royale ; il avait marché avec son siècle et sondé le terrain sur lequel se mouvait la France. Mais son caractère faible et indécis, une hésitation naturelle ouvrirent sous ses pas le cratère du volcan révolutionnaire.

Le tiers avait compris sa noble mission, il voulait et devait obéir à l'instruction de ses cahiers. Le temps était passé où les députés du peuple courbaient leurs fronts devant la puissance, la morgue et l'autorité des castes privilégiées. Le tiers proclama son indépendance, et régénéré par le baptême des lumières et de la civilisation, par la connaissance de ses droits, par cette doctrine écrite dans l'Évangile, qu'ici-bas tous les hommes sont égaux, il déclara aux membres du clergé et de la noblesse son intention formelle de ne former qu'une puissance collective, de confondre et de réunir les trois ordres en un seul. Malgré la répugnance et les embarras suscités par la cour, malgré la résistance du clergé et de la noblesse, la volonté inébranlable du tiers prévalut, et le vote par tête fut décrété. Dès ce moment, une fermentation générale s'opéra dans les esprits ; le germe de la révolution grandit et commença à envelopper sous ses vastes réseaux le vieil édifice de la monarchie.

Pendant la période des états-généraux, de l'Assemblée nationale et de la Constituante, M. Redon prit une place éclatante parmi les orateurs de la chambre. Il réunit un grand nombre de suffrages pour la présidence des bureaux, et fut nommé secrétaire de l'assemblée. Ses discours, dont quelques-uns ont été reproduits dans l'estimable ouvrage de MM. Buchez et Roux [1], expriment d'une manière large et noble les sentiments dont il était imbu, sa passion pour la patrie, son attachement inviolable pour le roi et l'ancien ordre de choses modifié par des lois et des réglements en harmonie avec les mœurs et les besoins de cette époque. Sentinelle modérée des progrès, il avait prévu que la précipitation et l'imprévoyance nous plongeraient dans le délire et le chaos. Il désirait ardemment le bonheur de son pays, l'abolition des anciennes servitudes; mais, par dessus tout, la tranquillité et le repos nécessaires à l'enfantement des grandes crises. Il ambitionnait des changements utiles, une contribution égale et proportionnée aux facultés de chacun, dans la répartition de l'impôt,

[1] *Hist. parlementaire de la Révolution Française.*

une constitution sage, humanitaire et favorable, à la masse de la nation ; mais il redoutait le désordre, l'anarchie et l'athéisme, ce fléau des révolutions. Ami des Maury, des Malouet, des Cazalès, des Virieux, des d'Espréménil, il se rangeait souvent sous le drapeau des Monnier et des Laly-Tollendal. Il plaçait son camp tantôt dans le parti du haut clergé et de la noblesse, tantôt dans le parti du ministère. Cette alliance de principes qui, au premier coup-d'œil, nous présente une contradiction, une hésitation d'esprit assez bizarre, était le résultat d'une haute réflexion. Il alliait ensemble les résolutions, les délibérations les plus justes et les plus modérées de l'un et de l'autre parti ; combinant la souveraineté populaire avec l'autorité inviolable de la monarchie ; mais il rejetait avec dédain et mépris une souveraineté absolue, dominant, soit au nom de la royauté, soit au nom du peuple [1]. Il voulait un mélange, une fusion égale, une balance entre deux systèmes opposés par leurs natures, différents d'origine, mais que le temps et la raison devaient réconcilier et confondre. Il appartenait à cette école qu'avait fon-

[1] L'auteur ne fait ici qu'exprimer les opinions de son parent, sans engager les siennes.

dée le comte de Provence (plus tard Louis XVIII), à cette doctrine de nos voisins d'outre-mer qui a établi un compromis, une transaction entre les privilégiés d'autrefois et l'antique bourgeoisie. Ce système dont l'application eût été heureuse sous Louis XVI, n'a enfanté depuis que haines, troubles et dissensions intestines.

Chaque jour la révolution sortait de ses langes; elle grandissait et étendait ses bras immenses sur les points les plus reculés de notre patrie. La voix tonnante de *Mirabeau* avait ébranlé les fondements vermoulus du trône; comme l'ange du dernier jugement, le sublime orateur avait prédit la chute des rois et annoncé la tempête du peuple. La consternation, le désespoir, les pleurs et les pressentiments les plus sinistres s'étaient emparés des courtisans. Ces hommes si hautains et si audacieux dans la prospérité, si vils par leur basse flatterie, montrèrent une pusillanimité étonnante. Quelques personnages sincèrement dévoués au roi, à sa famille, se serrèrent autour de lui pour lui faire un rempart. Quelques députés fidèles, parmi lesquels se distinguait M. Redon, se rallièrent autour du trône menacé, et blâmèrent l'esprit turbulent, les excès des innovateurs. Le torrent était lancé, il devait entraîner dans l'océan des ténèbres et du néant les vieilles traditions, les abus, la monarchie du droit divin et ce fouillis de lois absurdes et oppressives nées de l'ignorance et de la barbarie. La lumière devait jaillir du chaos ; l'idole de fer des temps passés devait s'écrouler devant la sainte image de la raison, de la philosophie, des idées modernes, du progrès des esprits et de la société. Du désordre devait naître l'équilibre. Rois, prêtres et nobles étaient condamnés à une expiation juste et méritée.

En acceptant l'héritage et les fautes de ses ancêtres, la noblesse devait subir indubitablement les conséquences des crimes qui lui avaient été légués par les siècles et par l'histoire. Elle était l'holocauste désigné par la fatalité. Son sang, comme celui des martyrs, effaça ses taches et ses souillures; au sein de l'adversité, elle se montra grande et magnanime, et ne trembla pas devant la hache du bourreau. La terreur avait élevé sa tête d'airain et posé sa main sanglante sur la couronne des rois. L'effroi et la stupeur régnaient partout. L'échafaud dévorait le plus pur sang de la France : malheur aux braves députés qui étaient restés fidèles à leur roi, à la religion et à la vieille monarchie! la hache du bourreau ou les douleurs et lesmisères de l'exil venaient atteindre et punir un dévoûment aussi noble que touchant.

Pénétré de ses devoirs, M. Redon resta inébranlable sur les ruines de la monarchie ; ses derniers vœux et ses dernières espérances s'envolèrent avec l'ame de l'infortuné Louis XVI ; et il dût cacher, au sein de la retraite et de l'obscurité, une tête proscrite par les décrets de la terrible Convention. Dépouillé de tout, sans ressources, sans fortune, il attendit, dans une solitude et dans un asile impénétrables, un avenir meilleur, l'aube de la tranquillité. Les biens considérables que lui avait apportés la comtesse Marie Claire de Massiet, son épouse, furent confisqués et devinrent la proie de ces monstres avides et ambitieux qui ont élevé le pavois de leur fortune avec les dépouilles des victimes. Au mépris des droits les plus saints et les plus sacrés, malgré la teneur des décrets et le texte immuable de la loi, Marie-Claire de Massiet fut portée sur la liste des émigrés, alors qu'elle s'était dérobée avec son mari aux fureurs des partis, à la bouche ensanglantée des proscripteurs, en se retirant dans un village isolé et situé à quelques lieues de Paris [1].

[1] A Vitry-le-Français.

Ce fut en vain, après la tempête, lorsque le ciel de la France se fut éclairci, qu'elle adressa au Directoire des réclamations aussi justes que fondées ; le fait était accompli, force devait demeurer à la loi ; et, de cette fortune si opulente, il ne devait rester que de faibles débris. Mais le bourreau était rentré dans l'ombre, l'échafaud ne montrait plus sa face rougie et sa langue d'acier. Le souffle de Dieu avait dissipé les nuages ; le tumulte, le hurlement des passions, l'orgie révolutionnaire, les cris et les vengeances des forcenés et des cannibales avaient fait place au calme, à l'unité et à la paix. Après une secousse aussi violente, les hommes fatigués sentaient le besoin du repos. L'excès de la turbulence avait été réprimé ; l'ordre, les lois, des institutions précieuses, l'unité nationale, la gloire et le génie allaient sortir des flancs ensanglantés de la révolution.

Si la Convention avait plongé ses pieds de flamme dans le sang des rois et des castes orgueilleuses, sa tête puissante avait défié les menaces des tyrans étrangers ; sa main avait affranchi les peuples, rompu les lisières de l'esclavage, et promené le niveau des lois et de l'égalité sur la patrie. Le baptême du feu et du sang avait retrempé le courage de ses enfants ; l'esprit guerrier s'était fait jour de toutes parts ; les soldats, fils du peuple et de la liberté, vengèrent la majesté nationale outragée ; et les rois se prirent à trembler devant cet enthousiasme formidable, devant cette pépinière de généraux et de braves que la Montagne et la dictature avaient enfantés. Le déchaînement et la révolte de la Vendée furent comprimés et anéantis. La France, libre au dedans, forte au dehors, commença à soupirer après le repos et l'union. Les anti-factieux, les hommes animés du plus pur patriotisme, comprirent qu'il fallait un temps d'arrêt, et résolurent de briser la sauvage énergie de la Convention. Les triumvirs furent arrêtés et exécutés, et leur supplice, en étouffant l'effusion du sang, ramena la sérénité et l'espérance dans les cœurs.

Le Directoire fut créé. Ce pouvoir faible, irrésolu, composé d'hommes efféminés, corrompus, sans valeur personnelle, livrés à la débauche et à l'influence de la séduction des femmes, ne convenait ni aux hommes de fer de la révolution qui venait de mourir, ni aux honnêtes gens qui espéraient un tout autre ordre de choses. Ce gouvernement méprisable, impuissant et décrié, ne fut rien par lui-même. A cette époque de transition, il fut placé, comme la nuit et les ténèbres, entre le soleil couchant de la souveraineté du peuple et le soleil levant du plus grand des héros anciens et modernes ; il devint le linceul de la Montagne et des Sylla, et le piédestal de l'empire et des guerriers.

Au milieu des luttes intestines, l'étoile de la France s'était levée ; la destinée gigantesque de Bonaparte s'était déjà révélée. Le vainqueur de Toulon, du bout de son épée, avait labouré le diadême des rois, affranchi de grands états, et planté le noble drapeau de France, l'oriflamme aux trois couleurs, dans les champs de Campo-Formio et dans les sables brûlants de la vieille Égypte. La patrie languissait sous le Directoire, deux partis opposés s'en disputaient les lambeaux. Il chassa le Directoire et se fit nommer premier consul. Il profite alors d'un moment de paix pour organiser le Sénat, le Corps législatif, le conseil d'État. Il arrange, harmonise et dispose tous les pouvoirs ; il féconde une nouvelle époque sous le souffle de son génie ; il crée des tribunaux d'appel et de première instance ; il y place des magistrats intègres, vertueux, au cœur probe, à l'ame grande, dépouillés des passions humaines, encore palpitants des souvenirs de l'antique magistrature, jugeant d'après leur conscience, et non pas sous l'impression des haines et des vengeances politiques.

Le 28 floréal an VIII, Claude Redon est appelé aux fonctions de premier président du tribunal d'appel. En vain, ses amis et anciens collègues, Lebrun et Cambacérès lui offrent un siége au tribunal de Cassation ; il préfère une présidence qui le case au sein de sa famille et de ses affections. Quelle fut grande la joie de ses concitoyens en revoyant dans leurs murs ce vénérable magistrat, ce courageux représentant, que l'ouragan des révolutions avait atteint sans le briser! L'espérance commença à refleurir dans le cœur des honnêtes gens. L'écume des anciens tribunaux fut balayée ; et la vertu, l'honneur, la droiture et la justice s'assirent où régnaient la jalousie, la cruauté et le mensonge.

Que de temps, de soucis et de travail ne fallait-il pas au nouveau président, pour constituer sa compagnie, s'entourer d'hommes moraux, dignes de l'estime publique, placer, dans les tribunaux du ressort, des juges étrangers au scandale, à l'envie, à la bassesse des sentiments. Il opéra ces changements, ces dispositions avec un discernement, une délicatesse de choix, un tact si minutieux, qu'il sut s'attirer les louanges de tous ceux qui le connaissaient, les félicitations des chefs de l'État et de la Justice, et les actions de graces de ses anciens amis. Il fut installé avec sa compagnie le 3 messidor an VIII. A partir de ce moment, la marche des affaires fut régularisée, des procès graves et multipliés reçurent une solution. Les questions les plus ardues et les plus épineuses furent traitées avec une élévation, une logique, un talent admirables. La vertu, sûre d'avoir un accès dans le sanctuaire des lois, ne trembla plus devant l'abus de la force et la corruption des juges.

Les décisions des nouveaux magistrats furent reçues et acceptées par les hommes éclairés, amis de l'ordre et de la justice, parce qu'elles émanaient de cœurs purs et candides, d'esprits élevés, de magistrats incorruptibles. Aussi, le premier consul, dont l'ame clairvoyante et l'œil d'aigle savaient deviner le vrai mérite, le talent, le travail et la vertu, n'oublia pas un des membres le plus distingué de ses tribunaux d'appel. L'ordre civil et l'ordre militaire étaient également appelés aux récompenses; l'étoile de l'honneur brillait sur la simarre du magistrat comme sur la poitrine du capitaine. Le 25 prairial an XII, M. Redon fut nommé membre de la légion d'Honneur. Il entra un des premiers dans cette vénérable cohorte que plus tard la monarchie devait avilir. Mais les événements avaient grandi ; la puissance, la vie gouvernementale et la souveraineté s'étaient concentrées dans une seule main. La toge du premier consul ne suffisait plus à l'ambition de Bonaparte ; il avait saisi le sceptre de Charlemagne, humilié les rois et les empires, il avait reculé les limites de la France et surpassé la gloire des plus grands héros : il lui fallait un trône et une dynastie pour supporter le fardeau de ses conquêtes, et il se fit empereur. Alors, les simples charges de la république ne suffirent plus à la splendeur et à l'éclat de sa couronne. La nouvelle cour, le nouvel empereur eurent, comme les vieilles dynasties, des courtisans et des flatteurs ; comme elles, il s'entoura de pages et de gardes françaises, de maréchaux brodés et de chambellans. La gloire s'enveloppa dans les langes puérils des gouvernements effacés ; elle accepta les traditions de la féodalité et de l'aristocratie. Sous le sceptre d'airain du maître, la presse exhala son dernier soupir, et son agonie, terrible anathême, frappa le front impérial du sceau de la malédiction ! La simplicité des tribunaux d'appel ne convenait plus au faste et à l'orgueil de l'Empire. Les tribunaux criminels furent réunis aux tribunaux d'appel, et ceux-ci furent constitués en cours impériales.

M. Redon fut confirmé dans ses anciennes fonctions. Le choix du souverain fut encore apprécié et applaudi. Un concert de louanges et de bénédictions, d'hommages et de respect s'élevait chaque jour jusqu'à la chaise curule du bon vieillard, du magistrat si justement renommé. Comme tous les personnages distingués du royaume, Claude Redon fut convoqué au sacre de l'empereur, et il vit le représentant du Christ oindre le géant de la gloire et des batailles. Le grand homme qui avait remis en honneur tous les oripeaux de la vieille cour, voulut avoir une noblesse : il greffa le tronc séculaire de l'antique aristocratie. Le 17 août 1810, le premier président de la cour impériale de Riom fut créé baron de l'empire. Il accepta cette nouvelle dignité avec modestie et peu d'enthousiasme...... Le ciel s'était rembruni, le doigt de Dieu s'appesantissait sur la France. Les vents glacés de la Russie avaient soufflé sur nos champs les désastres et les revers. Le Nord vomit de ses entrailles ses hordes sauvages, ses bataillons hideux. L'Europe entière envahit le beau pays de

France ; le colosse fut renversé, et les descendants de Henri IV remontèrent sur le trône de leurs aïeux. Les cours royales députèrent auprès de Louis XVIII des magistrats chargés de porter au pied du trône l'expression de leur fidélité et de leur dévoûment. Le 28 mai 1814, M. le premier président Redon, assisté de MM. Domingon, Thévenin, de Vissaguet, et Grenier, procureur général, comme lui mandataires de la Cour, fut reçu par le roi avec une distinction toute particulière. M. le président lut l'adresse de la Cour, et la remit entre les mains de Sa Majesté. A la suite, M. le premier président ajouta très adroitement quelques observations sur ce qu'il avait eu le bonheur de pouvoir faire aux états-généraux. Il le fit avec modestie ; il supposa que son nom n'était pas connu du roi. M. le président, en lisant ses observations, se livra à un attendrissement qui fit le meilleur effet possible sur l'esprit du roi qui en paraissait ému.

Le roi répondit :

« Je reçois avec la plus vive satisfaction les hom-
« mages de ma cour de Riom, et je lui assure ma
« protection.

« Quant à vous, M. Redon, je n'ai oublié ni votre

« nom, ni vos services. Je vous vois avec le plus « grand plaisir. »

Cette réponse fut faite par le roi avec une onction et une grace qu'il serait difficile de rendre.

Au sortir de la salle de réception, M. Redon fut complimenté et embrassé par une foule de grands seigneurs de sa connaissance, et la députation de la Cour royale de Riom fut grandement félicitée par les députés des cours d'Angers et de Douai, étonnés d'une réception aussi flatteuse.

Sincèrement dévoué à la branche aînée des Bourbons, le vénérable président de la cour de Riom ressentit une joie ineffable en voyant, avant la fin de sa carrière, le royal exilé. Louis XVIII, pour récompenser ses loyaux et fidèles services, sa noble conduite aux états-généraux, lui accorda des lettres de noblesse par une ordonnance en date du 6 septembre 1814. Cette ordonnance fut contresignée par cet homme qui devait plus tard attacher la France au pilori de l'étranger.

L'aigle respirait encore, son aile n'était qu'enchaînée; et ses yeux planant sur la France pleuraient sur nos malheurs et notre honte, sur notre infortune et notre humiliation. Sa grande ame souffrait et s'indignait de voir l'ennemi, ce nouvel Attila, camper dans les plaines de la France, et le drapeau aux pâles couleurs flotter sur cette colonne d'airain qu'il avait fondée avec le bronze ennemi. Entre le débarquement de Cannes et la tombe de Waterloo, il n'y eut qu'un éclair. La destinée avait frappé le grand homme au cœur. Sans la lâcheté des législateurs et la perfidie des traîtres, il aurait pu sauver la France, restaurer la liberté envers laquelle il fut si ingrat, et empêcher l'Europe d'appuyer, une seconde fois, son talon sur nos fronts abaissés. Mais Dieu avait prononcé son arrêt; le torrent de la gloire devait s'engouffrer dans les vastes profondeurs de l'Océan. Le premier rayon de la vie du grand capitaine s'était levé sur une île, le souffle de son agonie s'exhala sur un rocher perdu dans les espaces des mers.

Louis XVIII revint encore à la suite des armées étrangères, et en acceptant une seconde fois des rois coalisés la couronne et la domination, il ceignit son front du bandeau de l'infamie. Pendant cette période si funeste à la France, l'empereur avait exigé un nouveau serment et l'adhésion des cours à l'acte additionnel. M. le premier président Redon, frappé par la calomnie et le mensonge, fut accusé auprès du roi d'avoir apposé sa signature sur le registre des adhésions : il n'eut pas de peine à démentir cette accusation aussi odieuse que perfide. A cette époque, le prince de Condé, à qui le destin réservait une mort si cruelle, lui envoya un brevet délivré par le grand Maître de l'ordre de Saint-Jean de Jérusalem, et qui le nommait chevalier de cet ordre. Néanmoins, la calomnie avait atteint son but; Louis XVIII fut un instant prévenu. Le grand âge et les infirmités de M. Redon l'empêchèrent d'aller se jeter aux pieds de son souverain et de lui exposer avec franchise la loyauté de sa conduite et de démontrer l'envie de de quelques hommes auxquels il avait pourtant rendu d'éminents services. Il s'expliqua confidentiellement avec le Ministre de la Justice, et il fut pleinement rassuré. Le garde des sceaux lui manda qu'il connaissait trop la noblesse d'ame de M. Redon pour ajouter foi à des propos injurieux. « Le roi, lui disait-il, conserve toujours un souvenir agréable d'un magistrat aussi vénérable que vous. » Ces douces confidences, ces paroles consolantes ranimèrent l'espoir dans ce cœur qui avait si long-temps battu pour la cause des rois.

De nombreuses infirmités et de sourdes douleurs

avaient marché avec le grand âge du vieux président. Sa mémoire, autrefois si fidèle et si heureuse, commençait à faiblir. La vie s'éloignait chaque jour; l'ouïe était tellement fatiguée qu'elle ne lui prêtait que difficilement son ministère. La vigueur de l'esprit existait encore, mais elle s'agitait inutilement dans un corps usé par les ans et le travail. Au commencement de l'année 1818, M. Redon fut mis à la retraite. Son ame fut violemment froissée par ce coup inattendu. Il croyait mourir sur le trône de la justice, et à l'âge de 79 ans, il fallait abandonner ce temple où son éloquence avait si souvent retenti. Il s'occupa dès lors à se recueillir davantage dans les pratiques de la religion, à commenter le texte des saintes Ecritures, à se préparer à ce long viatique au delà duquel nous trouvons l'immortalité. Il mourut le 7 août 1820, dans son château du Moulin-Neuf, près Maringues; et moi, son petit-neveu, tout enfant alors, je fus appelé à recueillir le dernier cri de sa belle ame, et à baiser pour la dernière fois cette dépouille qui avait été le modèle de toutes les vertus. Oh! tant que mon cœur battra sous ma poitrine, je me rappellerai cette tête noble et majestueuse où Dieu avait gravé le sceau du génie et des vertus, les signes de cette douceur, de cette affabilité qui charmaient les hommes mêmes les plus timides et les attiraient auprès de lui; l'empreinte et le caractère de cette bonté, de cette candeur qui se répandaient sur les peines et les afflictions des malheureux comme une sainte rosée.

Adieu, ombre chérie; puisses-tu, du haut des cieux, veiller toujours sur les actions de ton parent bien-aimé, de cet enfant adoptif qui a voué à ta mémoire un culte éternel d'amour, de reconnaissance et d'admiration!

ÉMILE REDON, *avocat*.

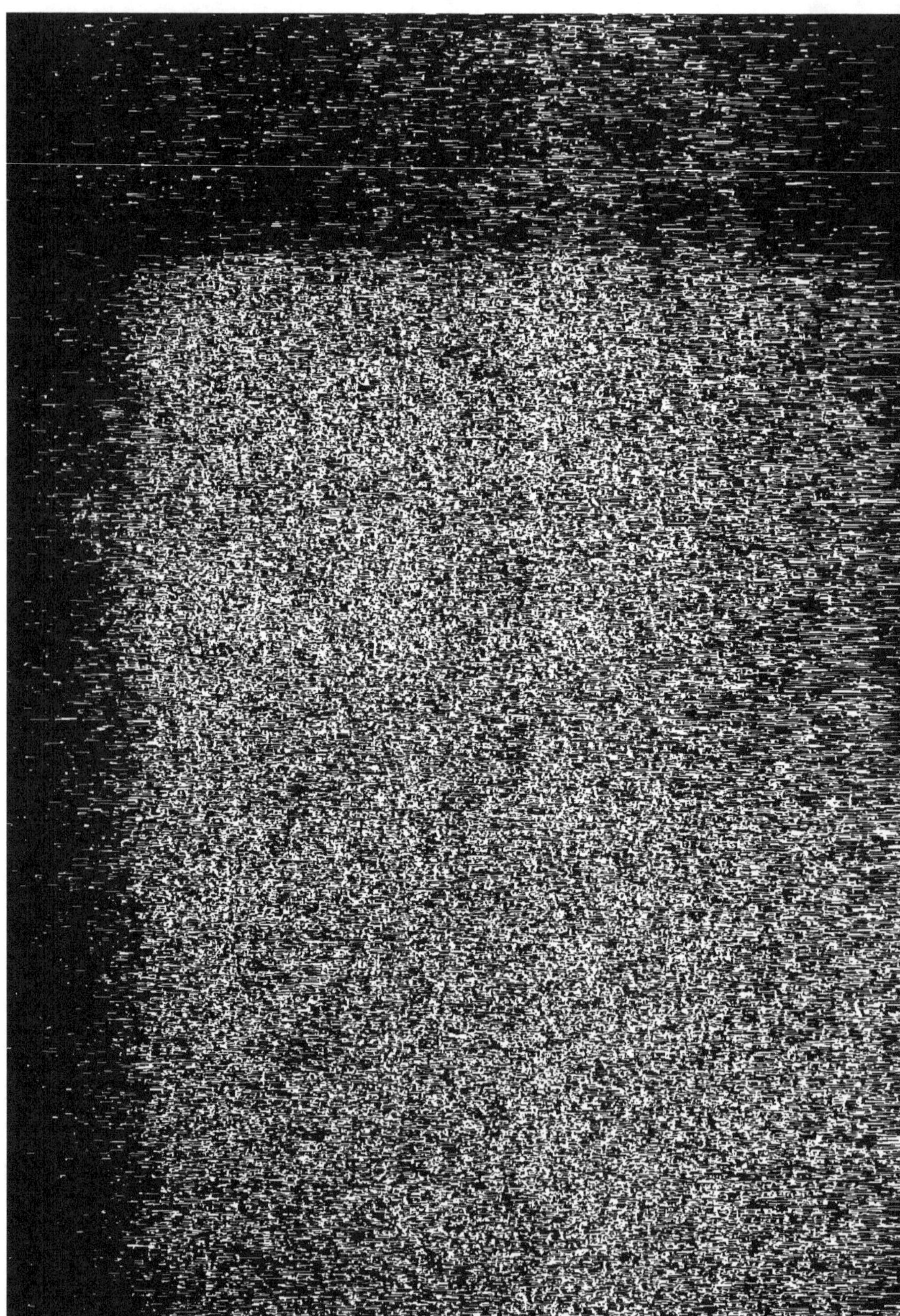

www.ingramcontent.com/pod-product-compliance
Lightning Source LLC
LaVergne TN
LVHW020241230826
846091LV00006B/2218

* 9 7 8 2 0 1 1 7 7 4 8 5 9 *